AF438268

NOTICE

SUR

LE P. JÉROME NATALIS

PAR

H. FISQUET (DE MONTPELLIER).

PARIS.

CHEZ PILON, ÉDITEUR,

Rue Hautefeuille, 1.

—

1856.

NOTICE

LE P. JÉROME NATALIS.

JÉROME NATAL, plus connu des biographes sous le nom de
NATALE ou NATALIS, naquit à la fin de 1507, à Majorque, d'une
des plus honorables familles des îles Baléares. Après avoir
achevé ses humanités dans cette ville sous la conduite d'excel-
lents maîtres, il vint compléter ses études dans l'Université de
Paris. Les liaisons qu'il y forma avec plusieurs de ses compa-
triotes, plus ou moins âgés que lui, le mirent en relations avec
Ignace de Loyola, François-Xavier, Jacques Laynez, Alphonse
Salmeron et quelques autres Espagnols. Unis dans une même
communauté de sentiments pieux, ces enfants de la Péninsule,
qui étaient venus puiser la science à sa source, jetèrent tous
ensemble, sous l'inspiration d'Ignace, les premières bases d'une
Société célèbre qui, en remplissant bientôt l'univers de son nom,
devait, dès sa naissance comme de nos jours, trouver autant
d'apologistes que de détracteurs. Il n'eût alors tenu qu'à Jérôme Natalis d'associer son nom à celui des fondateurs de la
Société de Jésus; mais les temps de la grâce n'étaient point
encore arrivés pour lui, et il entrait sans doute dans les impé-
nétrables desseins de Dieu de laisser mûrir au contact des
hommes et sous le souffle du monde le jugement et l'expérience

de celui qu'il destinait à devenir, quelques années plus tard, une des glorieuses lumières de son Ordre. Aussi, ce fut vainement qu'Ignace de Loyola et ses six compagnons l'engagèrent à se joindre à eux, lorsque, le 15 août 1534, ils prononcèrent leurs vœux solennels devant l'autel consacré à Marie dans la chapelle souterraine de la modeste église de Montmartre.

Pendant près de huit années, les circonstances de la vie de Jérôme Natalis échappent à toutes les investigations du biographe. On sait seulement qu'il employa presque tout cet intervalle à de nombreux voyages dans les principaux États de l'Europe, et qu'en 1542 il était de retour à Majorque, au sein de sa famille. Là, il partageait son temps entre la méditation des Saintes Écritures et des Pères, et l'étude des langues grecque, hébraïque et latine, dans lesquelles il était également versé. Mais, doué d'une prodigieuse activité d'esprit, Jérôme ne pouvait se plier aux exigences d'une vie sédentaire, et semblait, pour ainsi dire, à l'étroit et comme emprisonné dans Majorque, quelque délicieux que puisse être le séjour de cette île. ·

Comme la plupart des fleuves qui, à leur source, simples filets d'eau incapables de soutenir la plus légère nacelle, arrivent un peu plus tard aux plaines de l'Océan majestueusement chargés des produits des Deux-Mondes, la Compagnie de Jésus, humble ainsi à son origine, possédait déjà, en 1545, dix maisons de son Ordre. Rome gardait la maison-mère ; les neuf autres étaient situées à Cologne, à Louvain, à Padoue, à Paris, à Alcala de Hénarès, à Valence, à Lisbonne, à Coïmbre et à Goa. Par une bulle du 27 septembre 1540, le Souverain Pontife Paul III avait confirmé l'Institut d'Ignace. L'Europe et l'Asie retentissaient du bruit des merveilles opérées par les membres de la Compagnie et au récit des exploits évangéliques de François-Xavier, Jérôme Natalis tressaillait d'allégresse, et, dans les élans de son zèle, s'était surpris plusieurs fois à regretter de ne pas être le compagnon du généreux apôtre des Indes. Lui aussi voulait se faire *pêcheur d'hommes*, et, sous la bannière de Jésus-Christ, marcher à la conquête des âmes ! Peu à peu, la vocation se faisait jour dans Jérôme. La lecture d'une lettre où François-Xavier racontait les innombrables conversions qu'il avait opérées, acheva ce que les mouvements intérieurs de la grâce avaient depuis longtemps commencé.

Natalis, brisant alors les terrestres liens qui l'attachaient à sa famille, quitta Majorque à la fin de juillet 1545, et arriva à Rome dans les premiers jours du mois d'octobre. Sa première visite fut pour Ignace de Loyola, qu'il n'avait pas revu depuis onze années, et il lui exposa humblement sa vocation. Le saint fondateur se sentit heureux de voir venir à lui un homme qu'il avait autrefois tant désiré de s'adjoindre, et s'empressa de l'admettre dans la Compagnie. Mais, pour mieux l'éprouver, dès le premier jour de son entrée, il l'envoya servir à la cuisine et aider le jardinier. Les consolations célestes qui, dans ces modestes fonctions, inondèrent l'âme de Jérôme Natalis, furent si abondantes qu'elles ne tardèrent pas à influer sur sa santé, et qu'en peu de temps il se trouva entièrement guéri de plusieurs infirmités dont il était atteint et que lui avait occasionnées une vie trop sédentaire.

Après un certain temps d'épreuve, sûr de sa vocation et de son obéissance à la règle, Ignace de Loyola chargea Jérôme d'aller à Trente, où se tenait alors le Concile général. L'histoire de la Société de Jésus ne nous indique point la nature de cette mission. A son retour, il reçut d'Ignace l'ordre d'aller établir un collége à Messine (1548). Accompagné de quelques religieux, Jérôme se rendit dans cette ville et ne tarda pas à mener cette œuvre à bonne fin. La sainteté de leur vie et le désintéressement avec lequel les Pères donnaient une excellente éducation à la jeunesse, leur concilièrent bientôt le respect et l'estime de tous les habitants. Jérôme Natalis professait la théologie et l'hébreu, en même temps qu'il administrait le collége. L'année suivante (1549), Ignace voulut l'élever au rang des profés ; Jérôme ne se jugea pas encore digne de tant d'honneur. A cette humilité il joignait une charité tendre pour les malheureux, ce qui lui fit donner par les Messinois le surnom de *Père des Pauvres*. Le désir de venir plus facilement au secours de la misère publique lui inspira l'idée d'établir dans cette ville un mont-de-piété. Alphonse de Vega, vice-roi de Sicile, le seconda dans cette œuvre généreuse ainsi que dans la fondation d'un hôpital pour les pauvres malades. Natalis institua aussi à Trapani une maison de refuge où de jeunes filles, prises parmi celles dont les familles leur offraient le double écueil du vice et de l'indigence, trouvèrent un asile et des secours. Mais, tout en soulageant les besoins corporels, Jérôme était encore plus attentif à soulager les âmes, en répandant dans le peuple des livres édifiants et chrétiens.

L'ardeur qui animait Natalis ne pouvait être comprimée dans les étroites limites de la Sicile; aussi demanda-t-il à partir avec la flotte destinée à aller au secours des chrétiens d'Afrique, en 1551. Ses supérieurs ayant accédé à ses désirs, Jérôme, au grand regret des habitants, mais à la joie des marins, quitta Messine. La flotte, composée de quinze galères, se trouvait, le 4 juillet 1551, à la hauteur de Lampadouse, entre Malte et l'Afrique, lorsque, deux heures avant le jour, elle fut assaillie par une épouvantable tempête. Huit galères, au nombre desquelles était celle qui portait le pavillon amiral, se brisèrent contre les rochers. Dans le désordre inséparable de cette position, ceux à qui la force et le courage ne manquaient pas gagnèrent tant bien que mal la terre. Natalis ne savait point nager; il refusa tous les secours tant qu'il restait encore quelque soldat ou quelque marin à sauver; le dernier de tous, il se laissa enfin glisser par une corde sur un débris de la galère qu'il montait, et fut assez heureux pour atteindre sain et sauf le rivage. Son premier soin fut de se jeter à genoux pour remercier Dieu de lui avoir sauvé la vie, et, sans plus songer à ses souffrances et à sa situation personnelle, il courut porter ses soins à ses malheureux compagnons de naufrage. Pendant quatre mois de séjour en Afrique, Natalis déploya envers eux toutes les ressources de sa charité. Il prêcha tour à tour la parole de Dieu, servit les malades, et, uni à quelques prêtres dont ses exemples stimulaient le zèle, eut le bonheur de ramener aux pratiques de la religion un grand nombre de chrétiens qui s'en étaient depuis longtemps éloignés. Mille écus d'or, qu'avant son départ de Messine il avait obtenus de la générosité du vice-roi et des habitants, furent employés par lui en Afrique à racheter des esclaves.

Rappelé à Rome par Ignace de Loyola, qui, plein de confiance dans son zèle et dans sa prudence, voulait le charger de

promulguer en Sicile et en Portugal les *Constitutions* de la Société, auxquelles le saint fondateur avait mis la dernière main,
Natalis aborda de nouveau à Messine et y fut accueilli comme
un père. Il se rendit ensuite à Catane, où le vice-roi tenait sa
cour. Avant de prendre congé de lui, Jérôme fit appel à la bien-
faisance des seigneurs qui l'entouraient, et ses quêtes produi-
sirent 2,200 écus d'or. Il en consacra 1,000 à la fondation d'un
asile pour les orphelins, 1,000 autres à la construction d'un
monastère de Capucins, pour en remplacer un qui tombait en
ruines, et partagea le reste entre les malades incurables et les
pauvres honteux. Aussi son départ fut-il considéré comme une
calamité publique.

A son arrivée à Rome, Ignace voulut lui conférer le titre qui,
trois ans auparavant, avait blessé sa modestie. Il l'admit au
nombre des profès le 25 mars 1552. Lui ayant ensuite donné
connaissance des Constitutions, il lui exposa son désir d'en faire
la promulgation dans les maisons de l'Ordre, et le chargea de
cette mission pour la Sicile. Pendant près d'une année, Natalis séjourna de nouveau dans ce pays, et remplit avec autant
d'exactitude que d'activité les intentions du général.

Satisfait du zèle de Jérôme, Ignace le rappela auprès de lui,
lui donna de nouveaux avis pour la promulgation des Constitutions en Portugal. Mais cette fois, et le 9 avril 1553, il l'investit
du titre de Commissaire et lui accorda plein pouvoir pour faire
tous les règlements et toutes les réformes qu'il jugerait utiles
pour le bien de la Société et le service de l'Église. Se mettant
aussitôt en route pour s'acquitter de sa mission, Natalis fut à
peine arrivé en Portugal qu'il interpréta partout les Constitutions et s'attacha à les faire observer dans toutes les maisons de
l'Ordre. Il institua à Lisbonne la maison professe de Saint-Roch,
et, sur la demande expresse du cardinal Henri de Portugal,
frère du roi Jean III et archevêque d'Evora, il en établit une
autre dans cette dernière ville.

L'année suivante (1554) Jérôme Natalis passa en Espagne et
y prit également les intérêts de la Société. Avant la fin de l'hi-
ver, il s'embarqua pour l'Italie, et ramena avec lui deux novices, Jacques Guzman et Gaspard Loarte, qui, bien qu'admis

dans la Compagnie depuis deux années, étaient restés en Espagne sous la conduite du célèbre Jean d'Avila.

Les accroissements successifs de l'Ordre avaient alors rendu son administration générale fort difficile pour un seul homme. Le pieux fondateur luttait péniblement contre des infirmités causées par ses nombreux travaux et par la vieillesse, et ses enfants l'engageaient à reporter sur un d'eux une partie du fardeau dont il était chargé. Ignace de Loyola se rendit facilement aux raisons de ceux qui le regardaient comme un père, et, après avoir réuni tous les prêtres qui faisaient partie de la Compagnie, alors à Rome, et leur avoir ordonné d'offrir pendant trois jours le saint-sacrifice à cette intention, il les convoqua le 1ᵉʳ novembre 1554. Ce jour-là, ils implorèrent tous ensemble les lumières de l'Esprit-Saint, puis Ignace les pria de désigner l'un d'entre eux pour partager avec lui les soins de l'administration de l'Ordre. Natalis, qui était arrivé depuis peu de jours, réunit tous les suffrages. Ignace n'eut pas de peine à approuver cet heureux choix; mais lorsqu'il fut question de donner à Natalis le titre de Vicaire ou de Commissaire-général, le modeste religieux s'y refusa d'une manière absolue.

A cette époque, Jacques Laynez et Jérôme Natalis furent désignés par le pape Jules III pour accompagner à la Diète d'Augsbourg le cardinal Jean de Morone, légat du Saint-Siége. Ils étaient déjà partis lorsque la mort du Souverain Pontife, arrivée le 23 mars 1555, rappela Laynez à Rome. Natalis suivit seul le cardinal-légat à Augsbourg, où, après être resté quelques jours, il passa à Dillingen pour y inspecter, par son ordre, l'Université fondée l'année précédente. Il se rendit ensuite à Vienne et y organisa, suivant les Constitutions, les écoles et les maisons de la Compagnie. Aux cinq classes d'écoliers qui existaient, Natalis ajouta une sixième classe élémentaire, afin de préserver les enfants de l'âge le plus tendre du poison de l'hérésie. Alors, comme de nos jours, les partisans de Luther répandaient par milliers des libelles où le catholicisme était odieusement outragé. Pour opposer une digue à leurs débordements, Natalis s'adressa à Laynez, à Canisius et à quelques autres théologiens de la Compagnie, en les engageant à écrire contre l'hérésie, et il obtint de Charles-

Quint qu'un imprimeur serait continuellement employé à publier les traités les plus orthodoxes. Ce fut dès ce moment qu'il conçut l'idée de l'illustration entière des Évangiles lus à la messe chaque jour de l'année.

A peine était-il de retour à Rome, après avoir visité divers colléges de l'Allemagne et de l'Italie, qu'Ignace de Loyola lui enjoignit, au commencement de 1556, de se rendre en Espagne pour y combiner, avec François de Borgia, les moyens d'obtenir des secours pour le collége romain. Ce fut la dernière fois que Natalis vit en ce monde le fondateur de l'Ordre qui passa à une vie meilleure le 28 juillet de cette même année. Peu de temps avant sa mort, il avait nommé pour administrer la Société les PP. Jean Polanque, Christophe Madride et Jérôme Natalis.

Ce dernier apprit à Valladolid la mort d'Ignace de Loyola. De l'avis du Commissaire et des trois Pères Provinciaux, il prévint les Pères qui résidaient en Portugal, afin qu'ils se rendissent avec lui à Rome, à la Congrégation générale. Nul ne doutait qu'il ne devînt alors chef de l'Ordre, mais Natalis était loin d'avoir l'ambition de succéder à Ignace, aussi témoigna-t-il une extrème joie quand des lettres de Rome lui apprirent qu'avant de mourir le prudent fondateur lui avait donné deux adjoints.

La présence de Natalis à Rome devenait indispensable aux intérêts de la Société ; c'était à lui de préparer les questions que l'on devait agiter dans la prochaine Congrégation générale. Il s'y rendit en effet en 1557, nomma aussitôt à quelques emplois importants dans la Compagnie, et stimula chaque jour les Pères et les novices par ses avis et par ses exemples.

La Congrégation générale eut lieu le 19 juin 1558. Laynez y fut élu général ; Natalis fut créé assistant de Germanie et de France. Deux ans après, il reçut la mission de visiter successivement toutes les maisons que la Compagnie possédait en Europe. Mais, sur ces entrefaites, quelques affaires imprévues ayant nécessité en Espagne la présence d'un Père qui fût avantageusement connu à la cour de Madrid, Laynez fit partir Natalis avec des lettres de recommandation du Souverain Pontife pour le roi Philippe II. Natalis se fit accompagner dans ce voyage par Jacques Ximenès, qui, bien qu'il eût prononcé ses vœux, n'avait point encore pris l'habit de l'Ordre. Ximenès fut presque toujours le secrétaire de Natalis, et c'est à ses soins que l'on dut, en 1594, la publication de l'ouvrage de ce dernier sur les Évangiles. Partis de Rome le 19 décembre 1560, ils arrivèrent à Barcelone le 1ᵉʳ janvier 1561, après avoir essuyé dans le golfe du Lion une tempête violente qui avait mis leur vie en péril.

La cour de Philippe II se trouvait alors à Tolède, et Natalis fut présenté à ce prince par l'archevêque de Séville. Il remit en ses mains les lettres du pape Pie IV et du P. Laynez, lui exposa le motif de son voyage, le dévouement de la Compagnie à sa personne, l'espoir de remplir à la satisfaction du Saint-Père la mission qui lui avait été confiée, c'est-à-dire la visite des maisons de l'Ordre ; il termina enfin par réclamer son secours et son appui, si jamais il en était besoin. Le fils de Charles-Quint, qui possédait dans un degré éminent l'art si difficile de connaître les hommes, sut apprécier le mérite et le talent de Natalis, auquel il accorda pleine et entière protection.

Assuré de la faveur royale, Jérôme se rendit à Porto pour y conférer avec François de Borgia, et arriva dans cette ville le 6 avril. Sa présence remplit de joie Borgia et les Pères qu'il avait sous sa conduite. Profitant des excellentes dispositions des habitants envers la Société, il ordonna dans la maison professe quelques nouvelles constructions qui en rendirent le séjour plus agréable. Natalis continua ensuite son voyage et visita tous les colléges de la province de Coïmbre.

Chargé de recruter pour le Collége romain certains sujets capables de jeter sur lui quelque lustre, Natalis fit partir pour Rome Pierre-Jean Perpinien, qui déjà s'était fait un nom en Portugal par ses leçons d'éloquence, Jean Mariana, connu plus tard par son ouvrage de l'*Institution d'un Roi*, Jacques Acosta et un certain Ramire, dont la vocation ne se soutint pas. Par ses ordres, Pierre de Fonseca écrivit sa *Métaphysique*. Pendant son séjour à Lisbonne, le cardinal Henri de Portugal pria Natalis d'aller visiter l'Université d'Évora et d'en constater l'état.

Celui-ci s'empressa d'accéder à ses désirs, et était de retour à Lisbonne le 31 juillet 1561. La reine Catherine, le cardinal Henri et le jeune roi, don Sébastien, comblèrent Natalis de faveurs; mais Jérôme n'employa son crédit à la cour que pour le bien de la Compagnie. Ses dépenses et celles de ses compagnons furent acquittées par la reine, qui, au moment de son départ, lui donna pour son voyage une mule magnifique et 500 écus d'or. Natalis en garda 50, et envoya le surplus au Collége de Rome, dont il se souvenait toujours en mainte circonstance.

En repassant à Évora, il apprit qu'un grand nombre de gentilshommes, sans autre motif sérieux, usaient des jardins de la maison professe comme d'une promenade publique, et devenaient ainsi fort gênants pour les Pères. L'expédient dont Natalis se servit pour les écarter mérite d'être rapporté. Un prêtre d'une sévérité et d'une vertu éprouvées fut chargé par lui de se mêler aux entretiens des seigneurs et d'amener insensiblement la conversation sur la mort, le jugement dernier, les peines de l'enfer et quelques autres sujets aussi lugubres. Comme on peut le penser, le bon Père fut écouté le premier jour ; le lendemain son auditoire diminua considérablement, et, quelques jours après, jeunes et vieux seigneurs ne vinrent plus dans la maison.

Après avoir avantageusement terminé toutes les affaires qui formaient l'objet de sa mission en Portugal, Natalis parcourut quelques villes d'Espagne et d'Aragon, organisa la province de Tolède, et, bravant les dangers suscités par les guerres religieuses, passa en France. Ce fut alors qu'il visita Pamiers, Toulouse, Rabasteins et Rodez. A travers des périls de toute sorte, forcé presque toujours de fuir les villes où les protestants régnaient en maitres, il arriva à Billom le 13 avril 1562. Il régla les affaires de ce college et de celui de Tournon, et parvint enfin sain et sauf à Paris, où l'attendait le Père Laynez. Tous deux se rendirent ensuite à Tournay et à Bruxelles, où le cardinal Antoine de Granvelle leur fit une magnifique réception.

La peste sévissait alors à Paris et dans une partie de l'Allemagne. Natalis traça aux Pères de sages règles de conduite pendant ces temps déplorables, et, entre autres recommandations, leur enjoignit de communier deux fois la semaine, d'accorder quelques heures de plus par jour à la prière, de s'occuper du soin des malades et d'appeler les peuples dans les voies de la pénitence.

Depuis près de vingt années, la vie de Jérôme n'avait été qu'une perpétuelle odyssée, et cependant l'âge et les fatigues ne refroidissaient point encore son zèle. Lorsqu'en 1565 une flotte fut équipée pour aller au secours de l'île de Malte, assiégée par les Turcs et vaillamment défendue par le grand-maître La Valette et ses chevaliers, il fut un des premiers Pères qui demandèrent à partir; mais la Congrégation générale, qui était alors réunie à cause de la mort du Père Laynez, ne voulut point consentir à se priver des lumières de Natalis à Rome.

Choisi avec Jacques Ledesma, par le pape Pie V, pour aller soutenir à la Diète d'Augsbourg les intérêts du Saint-Siége, il partit de Rome le 7 février 1566. On comprendra facilement tout ce qu'il eut à souffrir dans ce voyage entrepris au milieu de la saison rigoureuse, et pendant lequel il lui fallut, tantôt à pied, tantôt à cheval, franchir les Alpes avec leurs neiges et leurs glaciers. Sa gaieté ne l'abandonna cependant pas un instant, et ses compagnons en étaient même étonnés. La fatigue de la journée ne l'empêchait point le soir, dans les misérables gîtes où ils étaient obligés de s'arrêter, de préparer les thèses et les arguments dont il pensait se servir devant la Diète. Ce fut ainsi qu'ils arrivèrent à Augsbourg, le 8 mars, après un voyage d'un mois.

Les droits de l'Eglise et du Saint Siége eurent dans Natalis un défenseur énergique et infatigable. Lors de la clôture de la Diète, Jérôme, sur la sollicitation de plusieurs Évêques, eut à s'occuper de l'établissement et de l'organisation de nouveaux colléges, et c'est à ses soins incessants que la Compagnie dut la création des colléges de Spire, de Würtzbourg, d'Olmutz et de quelques autres. François de Borgia, qui, après la mort du P. Laynez, était devenu général, lui confia ensuite la mission de visiter les provinces du nord, l'Allemagne, l'Autriche, la Belgique et les deux provinces de France et d'Aquitaine. Il lui donna, à cet effet, les pouvoirs les plus étendus. Natalis était de retour à Rome le 6 octobre 1568, et rendait un compte exact et précis de toutes les maisons qu'il avait inspectées.

Deux ans après, Borgia le laissa à Rome comme son vicaire-général, et c'est à ce titre qu'il postula auprès du pape Grégoire XIII la confirmation pure et simple de l Institut d'Ignace de Loyola. Le Souverain Pontife avait chargé le cardinal Borromée d'examiner avec soin les Constitutions de l'Ordre, et de lui adresser un rapport circonstancié sur les réformes qu'on pouvait leur faire subir. Natalis, au milieu de nombreuses affaires que sa charge lui imposait, trouva cependant le temps de composer sur les Constitutions un mémoire complet qu'il remit d'abord au cardinal. Puis, ayant obtenu une audience du pape, il plaida si habilement et si éloquemment la cause de l'Ordre, que Grégoire XIII confirma, sans y rien changer, ce qu'avaient confirmé ses prédécesseurs, Paul III, Jules III et Pie V, et ce qu'avait reconnu le saint Concile de Trente.

De toutes les contrées que Natalis avait successivement parcourues, la Flandre était celle qu'après Rome il affectionnait le plus. Ce fut là qu'en 1574, il vint se délasser du tumulte des affaires publiques, et consacrer son temps à l'œuvre que depuis vingt ans il avait élaborée avec amour, et qui devait être un glorieux monument élevé à l'Église et à la religion. Modestement caché dans la petite ville de Halle, auprès de Bruxelles, il appela auprès de lui les artistes les plus éminents qui, sous son inspiration et par ses propres conseils, composèrent cette série de dessins représentant tous les passages de la vie du Sauveur, exécutés avec un si parfait ensemble, qu'ils nous font assister, pour ainsi dire, à toutes les scènes de la vie de l'Homme-Dieu, et sont, en un mot, l'Évangile mis en tableau et dans toute sa naïve majesté. Martin de Vos, peintre d'Anvers, et Bernardin Passeri, peintre de Rome, furent employés à cette composition par Natalis, qui confia ensuite la reproduction de leurs dessins au burin facile de Jérôme Wierix, d'Antoine et de Jean Wierix. Ces trois frères habitaient Delft, et leur réputation commençait déjà parmi les habiles imitateurs de Lucas de Leyde. Adrien Collaërt, graveur d'Anvers, leur fut ensuite adjoint, et c'est avec le concours de ces talents d'élite que Jérôme fit éclore

les chefs-d'œuvre que le monde religieux et artistique admire
encore aujourd'hui.

De retour à Rome en 1579, il avait obtenu de ses supérieurs
la permission de publier son ouvrage, à la perfection duquel
plusieurs années étaient encore nécessaires. Retiré dans la maison d'épreuve de Saint-André, Natalis y était pour les novices
un modèle vivant de toutes les vertus religieuses, lorsque la
mort vint le frapper, le 3 avril 1580, jour de Pâques. Il allait
entrer dans sa soixante-treizième année et en avait passé près
de trente-cinq dans la Compagnie. Jérôme Natalis était d'une
taille moyenne ; toute sa personne semblait respirer la piété et
sa modestie. Doué d'une conception prompte et d'un jugement
solide, il apportait dans les affaires du monde et dans celles de
l'Eglise, une pénétration et une sagacité étonnantes. De l'aveu
des historiens de la Société de Jésus, il fut, après Ignace de
Loyola, le plus illustre des Pères d'une Compagnie qui compte
un si grand nombre de personnages remarquables. Ses fré-
quents voyages et ses travaux multipliés pour le service de
l'Église ne lui laissèrent pas le temps d'écrire ; et nous n'a-
vons de lui qu'un seul ouvrage. — Son livre a pour titre :

*Adnotationes et meditationes in Evangelia quæ in sacrosancto
Missæ sacrificio toto anno leguntur, cum eorumdem Evangeliorum concordantiâ historiæ integritati sufficienti. Accessit et
index historiam ipsam Evangelicam in ordinem temporis vitæ
Christi distribuens. Auctore Hieronymo* NATALI, S. J. *Antuerpiæ excudebat Martinus Nutius,* 1594, in-folio, titre gravé.
p. p. 595. A la fin du texte, on lit la date de 1595. L'approbation
est donnée à Rome en 1579. Une bulle du pape Clément VIII,
du 14 août 1593, place la collection des dessins, planches et
gravures, sous la protection immédiate du Saint-Siège. Cet
ouvrage est orné, comme nous l'avons dit, de magnifiques
planches gravées sur cuivre, par Jérôme, Antoine et Jean Wié-
rix, et Adrien Collaërt, d'après les dessins de Martin de Vos et
de Bernardin Passeri. Elles portent la date de 1593. En voici le
titre : *Evangelicæ historiæ imagines ex ordine Evangeliorum,
quæ toto anno in Missæ sacrificio recitantur, in ordinem temporis vitæ Christi digestæ. Auctore Hieronymo* NATALI *Societatis
Jesu theologo. Antuerpiæ, anno Dni.* MXDCIII. *Superiorum*

permissu. Cette première édition est préférée à celles qui l'ont suivie, à cause de la beauté des épreuves. On trouve quelquefois séparément les planches de cet ouvrage, avec le frontispice gravé, daté de 1593. Ce tirage est antérieur à celui de l'édition, lorsque les planches n'ont qu'une seule série de numéros, car les seconds numéros ont été ajoutés pour placer les figures dans le texte. On a tiré quelques exemplaires de ces planches sur vélin. Un exemplaire sur satin est porté à 40 liv. sterl. (1,000 fr.) dans le catalogue du libraire Pickering, Londres, 1834, n° 2308. Ces estampes, copiées et gravées sur bois, ont servi à orner une vie de Jésus-Christ, composée en chinois, par le P. Jules Aleni, missionnaire jésuite , mort en août 1649.

Il y a eu deux autres éditions de cet ouvrage à Anvers, 1596, à Anvers et à Mayence, 1607, in-folio, mais elles sont bien moins estimées.

On a encore du P. Jérôme Natalis : *Scholiæ in Constitutiones et Declarationes Sancti Patris nostri Ignatii et admonitiones pro superioribus*. Ces scholies, qui furent approuvées par la seconde Congrégation générale. sont conservées en manuscrit dans la bibliothèque de la Compagnie de Jésus, à Rome.

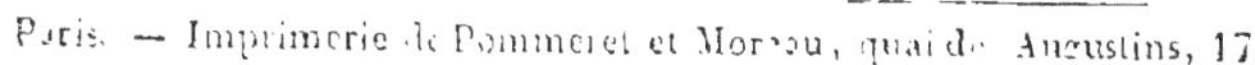

Paris. — Imprimerie de Pommeret et Moreau, quai des Augustins, 17.

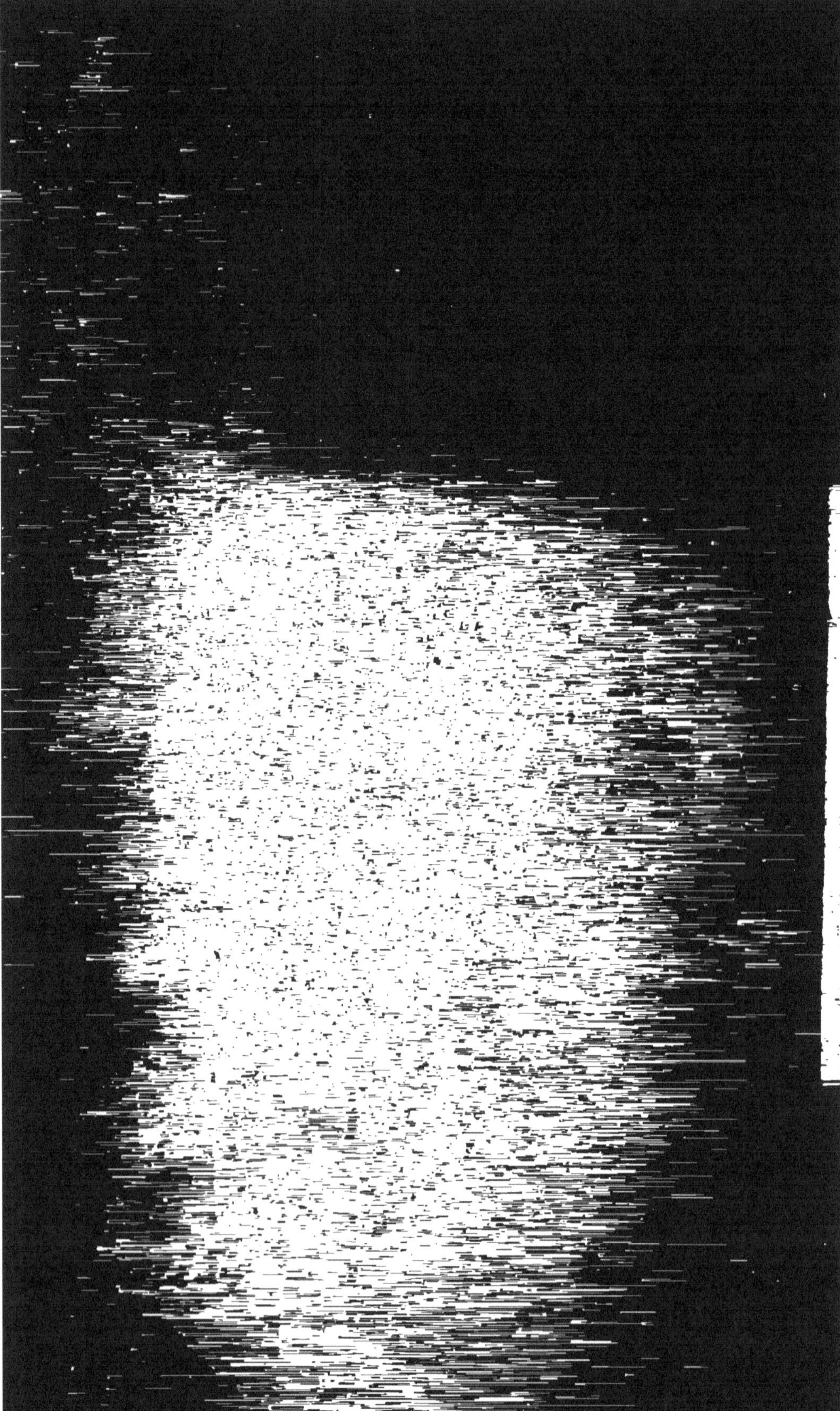